BEI GRIN MACHT SICH IHR WISSEN BEZAHLT

- Wir veröffentlichen Ihre Hausarbeit, Bachelor- und Masterarbeit

- Ihr eigenes eBook und Buch - weltweit in allen wichtigen Shops

- Verdienen Sie an jedem Verkauf

Jetzt bei www.GRIN.com hochladen und kostenlos publizieren

Bibliografische Information der Deutschen Nationalbibliothek:

Die Deutsche Bibliothek verzeichnet diese Publikation in der Deutschen National-bibliografie; detaillierte bibliografische Daten sind im Internet über http://dnb.d-nb.de/ abrufbar.

Dieses Werk sowie alle darin enthaltenen einzelnen Beiträge und Abbildungen sind urheberrechtlich geschützt. Jede Verwertung, die nicht ausdrücklich vom Urheberrechtsschutz zugelassen ist, bedarf der vorherigen Zustimmung des Verlages. Das gilt insbesondere für Vervielfältigungen, Bearbeitungen, Übersetzungen, Mikroverfilmungen, Auswertungen durch Datenbanken und für die Einspeicherung und Verarbeitung in elektronische Systeme. Alle Rechte, auch die des auszugsweisen Nachdrucks, der fotomechanischen Wiedergabe (einschließlich Mikrokopie) sowie der Auswertung durch Datenbanken oder ähnliche Einrichtungen, vorbehalten.

Impressum:

Copyright © 2019 GRIN Verlag
Druck und Bindung: Books on Demand GmbH, Norderstedt Germany
ISBN: 9783668944022

Dieses Buch bei GRIN:

https://www.grin.com/document/468593

Luis Marques

Modellbasierte Klassifikation von Hunderassen

GRIN Verlag

GRIN - Your knowledge has value

Der GRIN Verlag publiziert seit 1998 wissenschaftliche Arbeiten von Studenten, Hochschullehrern und anderen Akademikern als eBook und gedrucktes Buch. Die Verlagswebsite www.grin.com ist die ideale Plattform zur Veröffentlichung von Hausarbeiten, Abschlussarbeiten, wissenschaftlichen Aufsätzen, Dissertationen und Fachbüchern.

Besuchen Sie uns im Internet:

http://www.grin.com/

http://www.facebook.com/grincom

http://www.twitter.com/grin_com

Hochschule für Ökonomie & Management

Standort Stuttgart

Berufsbegleitender Studiengang:
Bachelor of Science Wirtschaftsinformatik

5. Semester

Seminararbeit in dem Modul Big Data & Data Science

Modellbasierte Klassifikation von Hunderassen

Betreuer:

Autoren: Luis Marques

Abgabedatum: 27.02.2019

Inhaltsverzeichnis

Inhaltsverzeichnis II

Abkürzungsverzeichnis III

1 Einleitung 1
2 Neuronale Netze 2
    2.1 Biologische neuronale Netze 2
    2.2 Künstliche neuronale Netze 3
    2.3 Funktionsweise eines KNN 4
3 Deep Learning 5
    3.1 Supervised Learning 5
    3.2 Reinforcement Learning 6
    3.3 Unsupervised Learning 6
    3.4 Semi-supervised Learning 7
    3.5 Active Learning 7
4 Werkzeuge für Deep Learning 8
    4.1 TensorFlow 8
    4.2 Caffe-Framework 9
    4.3 Python 10
5 Docker Installation 11
    5.1 Beispiel Bildklassifizierungsmodell mit Caffe 12
    5.2 Implementierung eines Bildklassifikationsmodells für Hunderassen 17
    5.3 Ergebnisse der Bildklassifizierung 23
6 Schlussbetrachtung 24
7 Literaturverzeichnis 26

Abkürzungsverzeichnis

CNN	Convolutional Neural Networks
CPU	Central Processing Unit
DL	Deep Learning
FFNN	Feedforward Neuroal Networks
GPU	Graphical Processing Unit
KI	Künstliche Intelligenz
KNN	Künstlich Neuronales Netz
LRCN	Long-term Recurrent Convolutional Networks
LSTM	Long Short-Term Memory
ML	Maschinelles Lernen
RNN	Recurrent Neural Networks

1 Einleitung

Jeden Tag entstehen unzählige digitale Fotos. Im Jahr 2013 wurden weltweit schätzungsweise 660 Milliarden Fotos aufgenommen. Vor allem durch die zunehmende Verbreitung von Mobiltelefone, in denen Kameras eingebaut sind, steigt die Anzahl an digitalen Bildern kontinuierlich. 2017 wurden geschätzt rund 1,2 Billionen Fotos geschossen, von denen 85 Prozent durch Handys entstanden sind.[1] Smartphones stellen dabei nicht nur einen digitalen Fotoapparat zur Verfügung, sondern verarbeiten gleichzeitig die Bildinformationen mithilfe der Computerfunktionalitäten. Mit der Vernetzung können die Fotos über soziale Netzwerke oder auf Cloud Speicher versendet werden. Auf den Internetplattformen steuern Programme automatisch die An- und Neuordnungen von unzähligen Bildern durch unterschiedlichste Algorithmen.[2] Solche bildverarbeitende Systeme können aus einer Menge von Bildern selbstständig zusammenhängende Fotos einer bestimmten Urlaubsreise als Album zu gruppieren oder Gesichter von Personen darauf zu erkennen.[3]

Wie solche Programme grundsätzlich funktionieren und auf welche Technologien diese basieren, soll mit dieser Seminararbeit dargestellt werden. Exemplarisch soll hierzu eine Anwendung entstehen, die in der Lage ist, eine Sammlung von Hundebildern selbstständig in deren jeweiligen Hunderassen zu kategorisieren.

Zunächst wird anhand diverser Literatur das Themengebiet Neuronale Netze mit einem kurzen geschichtlichen Hintergrund deren Idee sowie deren Funktionsweisen erörtert. Daraufhin folgt die Definition und Unterscheidung von Vorgehensweisen im Themengebiet des Machine Learning. Aufbauend wird in Kapitel 4 der Begriff Deep Learning dargelegt sowie existierende Werkzeuge vorgestellt, mit denen künstlich Neuronale Netze erstellt und trainiert werden können. In Kapitel 5 wird schrittweise die Vorgehensweise dokumentiert, mit der das Programm erstellt wurde und welche Ergebnisse dabei erzielt wurden.

---

[1] Vgl. *Kroker, M.*, 1,2 Billionen digitale Fotos werden allein 2017 geschossen – davon 85 Prozent per Smartphone | Kroker's Look @ IT, 2017
[2] Vgl. *Gerling, W./Holschbach, S./Löffler, P.*, Bilder verteilen, 2018, S. 8 f.
[3] Vgl. *Wartala, R.*, Praxiseinstieg Deep Learning, 2018, S. 2

2 Neuronale Netze

2.1 Biologische Neuronale Netze

Ein Neuronales Netz ist ein Verbund von Nervenzellen wie es in einem Gehirn von Menschen und Tieren existiert. Dieses Netzwerk von winzigen und komplex verknüpften Nervenzellen befähigt Menschen unter anderem zu Wahrnehmungen, Assoziationen, Gedanken, Bewusstsein sowie zum Lernen.[4] Ermöglicht wird dies durch rund 100 Milliarden Nervenzellen, die es in einem menschlichen Gehirn gibt. Sie übertragen und verarbeiten sowohl chemische als auch elektrische Signale. Bezeichnet werden diese als Neuronen. Sie bestehen aus einem Zellkern, Dendriten, einem Axon sowie Synapsen. Innerhalb der Nervenzellen findet eine bestimmte Abfolge von Handlugen statt. An den Dendriten werden Signale von benachbarten Neuronen empfangen und an den Zellkern weitergeleitet. Der Zellkörper stellt eine Art Speicher dar, der sich durch die eingehenden Impulse elektrisch auflädt. Dabei baut sich eine Spannung im Zellkern auf, die beim Erreichen eines gewissen Schwellwertes in Form eines elektrischen Impulses an das Axon, das wie ein Datenkabel fungiert, geleitet wird. Der Spannungsimpuls teilt sich wiederum an den Synapsen auf, welche am Axon hängen. Deren Enden sind mit den Dendriten benachbarter Nervenzellen verknüpft, die die Impulse wiederum entgegennehmen. Fortfolgend wiederholt sich der Prozess in ähnlicher Weise. Stark vereinfacht stellt ein Neuron eine Funktion dar, in der Signale empfangen, gespeichert und ausgegeben werden. Die Speicherung von Informationen, die in Folge eines Lernprozesses entstehen, wird durch Modifikation der Enden an den Synapsen im Gehirn erreicht. Ähnlich wie bei einem Muskel werden die Stränge je nach Beanspruchung dicker und gewinnen damit an Gewicht. Mit diesem neuronalen Netzwerk ist ein Mensch in der Lage, ihm bekannte Personen auf Bildern innerhalb von 0,1 Sekunden wieder zu erkennen und sich zu erinnern.[5] Der Informatik dient diese organische Struktur als Vorbild, um komplexe Informationen zu verarbeiten. Die technische Simulation dieser Vorgänge wird vor allem dazu verwendet, kognitive Fähigkeiten eines Menschen, zu denen das selbstständige Erkennen, Wahrnehmen und Wissen gehören, rechnerisch nachzubilden.[6]

---

[4] Vgl. *Ertel, W.*, Grundkurs Künstliche Intelligenz, 2016, S. 264
[5] Vgl. *Dörn, S.*, Programmieren für Ingenieure und Naturwissenschaftler, 2018, S. 90 f.
[6] Vgl. *Mainzer, K.*, Künstliche Intelligenz - Wann übernehmen die Maschinen?, 2016, S. 99

2.2 Künstliche Neuronale Netze

Computer sind problemlos in der Lage, digitale Bilder zu drehen, spiegeln, verzerren oder eine Farbtonänderung vorzunehmen. Was oder wer auf einem Bild zu sehen ist und dabei zu identifizieren, stellt jedoch eine Herausforderung dar. Hierzu wurde in den vergangenen Jahren intensiv im Kontext der Künstlichen Intelligenz (KI) intensiv geforscht.[7] KI ist ein interdisziplinäres Gebiet, das sich unter anderem aus den Bereichen der Mathematik, Informatik, Logik und Neurowissenschaften zusammensetzt.[8] Eines der Themenbereiche, mit der sich die KI-Forschung beschäftigt, ist die rechnerische Nachahmung des menschlichen Vorgehens beim Lösen von komplexen Aufgaben.[9] Ein Durchbruch dieser Bemühungen wurde durch die Schaffung von künstlichen neuronalen Netzen (KNN) erreicht.[10] KNN stellen eine Methode innerhalb der KI dar.[11] Im Gegensatz zu den ursprünglichen KI-Ansätzen basieren KNN nicht auf Prinzipien von rein mathematischen Algorithmen.[12] Es werden zwar Algorithmen angewandt, deren Ergebnisse jedoch lediglich eine Folge von Zahlen darstellen, die für den menschlichen Programmierer zunächst nicht mehr logisch interpretierbar sind. In herkömmlichen prozeduralen Programmen sind die Lösungen einfacher nachzuvollziehen.[13] KNN zielen auf eine Abbildung biologischen neuronalen Netze ab, vorzugsweise denen des menschlichen Gehirns. Die Konzepte zur Imitierung basieren aber lediglich auf einer Abstraktion der organischen Vorbilder, primär auf die Verschaltungsstärke bzw. der Informationsgewichtung sowie deren Schwellenwerte. Ähnlich der eines Zellkerns, bei dem ab einem bestimmten Spannungswert ein Impuls entsteht, der über das Axon an die Synapsen geleitet wird und deren Beanspruchung die Stärke verändert, aus der sich wiederum die Gewichtung der Information ergibt.[14] Lerneffekte werden in einem KNN dadurch erzielt, in dem die synaptische Gewichtung erhöht wird, je häufiger diese genutzt wird, beispielsweise im Training zur Mustererkennung. Die Einsatzfelder einer KNN sind vielfältig. Unter anderem zur Umwandlung von Text in Sprache, dem Erkennen handschriftlicher Notizen oder bei Analysen von Börsenentwicklungen.[15]

---

[7] Vgl. *Wolff, D./Göbel, R.*, Digitalisierung, 2018, S. 241
[8] Vgl. *Dörn, S.*, Programmieren für Ingenieure und Naturwissenschaftler, 2018, S. 14
[9] Vgl. *Karrenberg, U.*, Signale - Prozesse - Systeme, 2017, S. 441
[10] Vgl. *Wolff, D./Göbel, R.*, Digitalisierung, 2018, S. 242
[11] Vgl. *Dörn, S.*, Programmieren für Ingenieure und Naturwissenschaftler, 2018, S. 18
[12] Vgl. *Osterhage, W. W.*, IT-Kompendium, 2017, S. 10
[13] Vgl. *Wolff, D./Göbel, R.*, Digitalisierung, 2018, S. 243
[14] Vgl. *Dörn, S.*, Programmieren für Ingenieure und Naturwissenschaftler, 2018, S. 31
[15] Vgl. *Osterhage, W. W.*, IT-Kompendium, 2017, S. 11 f.

2.3 Funktionsweise eines KNN

Die Funktionsweise eines KNN ist im Wesentlichen in drei Phasen gegliedert. Bei einem Netzwerk, das Bilddaten klassifizieren soll, finden jeweils folgende Schritte statt. In der ersten Schicht befinden sich Eingabe-Neuronen, deren Aufgabe darin besteht, Eingabewerte, in diesem Fall in Form von Bilddaten, zu empfangen. Jeder einzelne Bildpixel entspricht einem Eingabeneuron, der dessen Werte annimmt. Diese Informationen werden anschließend an Neuronen, die sich in der zweiten Schicht befinden, weitergereicht. Bezeichnet wird diese als verdeckte Schicht (engl.: Hidden Layer). In dieser befindet sich ein Netzwerk an weiteren Neuronen, deren Anzahl frei wählbar ist. Jedes Neuron stellt einen Verarbeitungsschritt dar. Ergebnisse aus dem Schritt werden an ein darauffolgendes verknüpftes Neuron übermittelt. Dieses wiederum kann Daten von mehreren vorgeschalteten Neuronen empfangen. Anhand einer Gewichtung der Verknüpfung als auch einem Schwellwert werden neue Daten errechnet und weitergegeben. Der Vorgang wiederholt sich, bis die letzte Schicht, bestehend aus Ausgabeneuronen, erreicht wird. Diese stellen jeweils das Ergebnis in Form eines Wahrscheinlichkeitswertes dar. Aus dem kann die Klassifikationseinordnung abgeleitet werden. Etwa ob es sich bei dem Bild um eine Abbildung eines Hundes handelt oder kein Hund erkannt wurde.[16] Um das leisten zu können, muss das KNN zunächst angelernt bzw. trainiert werden. Hierzu gibt es verschiedene Trainingsmethoden, um die Gewichtungen zwischen den Neuronen als auch Schwellwerte zur Aktivierung zu bestimmen. Grundlage der Trainingsabläufe stellt die Hebb'sche Lernregel dar, die je nach Anwendungsfall und Art der Problemlösung in unterschiedlicher Form angewendet wird. Unterschieden wird zwischen fehlerbasierten und ausgabebasierten Lernalgorithmen. Der fehlerbasierte Lernprozess wird auch als überwachtes Lernen bezeichnet. Mit diesem Verfahren werden die Gewichts- bzw. die Bias-Werte während dem Vorgang solange angepasst, bis die minimalste Fehlerquote erreicht wurde. Dies ist dann möglich, wenn das zu erwartende Ergebnis bekannt ist und durch Trainingsdatensätze verifiziert werden kann. Dem gegenüber stehen die ausgabebasierten Algorithmen, auch unüberwachte Lernmethoden genannt. Diese ermitteln die Gewichte anhand der initialen Trainingsdaten.[17]

---

[16] Vgl. *Dörn, S.*, Programmieren für Ingenieure und Naturwissenschaftler, 2018, S. 93 f.
[17] Vgl. *Styczynski, Z. A./Rudion, K./Naumann, A.*, Einführung in Expertensysteme, 2017, S. 148–150

3 Deep Learning

Maschinelles Lernen (ML) ist, wie auch das Thema KNN, ein Teilgebiet der Forschung zur KI. ML beschreibt selbstlernende Computeralgorithmen, welche selbstständig und ohne explizite Programmierung in digitalen Daten Muster und Zusammenhänge erkennen.[18] Durch den Einsatz von KNN wird der Aufwand zur Datenaufbereitung, dem sogenannten Feature Engineering, der zur Anwendung von ML-Methoden notwendig ist, erheblich reduziert.[19] Dabei wird ein mehrschichtiges KNN erzeugt, welches schrittweise Informationen aus Eingabedaten extrahiert und zur Berechnung von Vorhersagen nutzt. Ein solches Verfahren wird als Deep Learning (DL) bezeichnet. Genutzt wird DL vor allem im Bereich der Bild- und Spracherkennung. Es existieren unterschiedliche Methoden die im ML als auch im DL zum Einsatz kommen. Die eingesetzten Algorithmen lassen sich anhand der jeweiligen Funktionsweise in fünf Kategorien überwachte (engl.: supervised learning), bestärkende (engl.: reinforcement learning), unüberwachte (engl.: unsupervised learning), teilüberwachte Lernverfahren (engl.: semi-supervised Learning) sowie aktives Lernen (engl.: Active Learning) einordnen. [20]

3.1 Supervised Learning

Im Supervised Machine Learning, also dem überwachten Lernen, erfolgt das Lernen durch ein vorheriges Training. Dabei werden dem Computer eine ausreichend große Menge an Beispieldaten zur Verfügung gestellt, deren Interpretation bereits bekannt ist. Es handelt sich dabei um sogenannte gelabelte bzw. gekennzeichnete Datensätze. Das sind beispielsweise Bilder, auf denen Tiere abgebildet sind. Jedes Bild ist mit der Information, um welches Tier es sich handelt also Hund, Katze, Affe etc., gekennzeichnet. Aufgabe des Programms ist es, generelle Regeln aus den Trainingsdaten abzuleiten, aus denen das gewünschte Ergebnis, welches einer Sammlung von Zielwerten entspricht, abgeleitet werden kann. Nicht bekannte Daten sollen anschließend mit dem aus dem Training gewonnenen Wissen eigenständig vorhergesagt oder korrekt kategorisiert werden. Dazu gibt es im Wesentlichen zwei unterschiedliche Verfahren, die zur Anwendung kommen, das der Regression und das der Klassifikation. Durch das mathematische Verfahren der Regression sind Vorhersagen von metrischen Werten möglich, beispielsweise die Einkommensentwicklung einer Person. Anhand der Klassifikation wird der

---

[18] Vgl. *Welsch, A./Eitle, V./Buxmann, P.*, Maschinelles Lernen, 2018, S. 370 f.
[19] Vgl. *Wartala, R.*, Praxiseinstieg Deep Learning, 2018, S. 2
[20] Vgl. *Wartala, R.*, Praxiseinstieg Deep Learning, 2018, S. 22f

Algorithmus dahingehend trainiert, unterschiedliche Werte in Klassen zu unterteilen. Beispielsweise um eine Person in die Klassen kreditwürdig und nicht kreditwürdig einzuordnen.[21] Bei Klassifizierungen werden sogenannte Feedforward Neuroal Networks (FFNN) verwendet. Diese verarbeiten die Daten jeweils nur in eine Richtung von der Eingabeschicht über die verdeckte Schicht an die Ausgabeschicht.[22] Es existieren aber auch sogenannte Recurrent Neural Networks (RNN), in denen die Verarbeitung durch Rückkopplungen an vorhergehende Knoten und somit entgegen dem Datenfluss geleitet wird.[23]

3.2 Reinforcement Learning

Problemstellungen, bei denen das gewünschte Ergebnis nicht klar erkennbar ist, sondern lediglich in wünschenswert oder nicht wünschenswert unterteilen lässt, ist keine Vorabmarkierung von Datensätzen möglich. Somit ist es auch nicht möglich, ein Modell auf eine bestimmte Ausgabe zu trainieren. In einem solchen Fall wird Reinforcement Machine Learning, das bestärkende Lernen angewendet. Der Lernprozess erfolgt durch die Interpretation kontinuierlicher Rückmeldungen, die als Belohnung oder Bestrafung interpretiert werden. Ziel ist es eine optimale Strategie zu entwickeln, wodurch die Höhe der Belohnung maximiert wird. Im Laufe der Zeit erlernt das System, welche Aktionen zum besten Ergebnis führen. Diese Optimierungsaufgabe wird auf Basis der Werte sowie Techniken aus dem überwachten Lernen durchgeführt.[24]

3.3 Unsupervised Learning

Während bei den zuvor beschriebenen maschinellen Lernverfahren dem System beigebracht werden kann, was mit den zur Verfügung stehenden Daten gemacht werden soll, wird Unsupervised Learning, das unüberwachte Lernen, auf Daten angewendet, in denen der Mensch zunächst keine Zusammenhänge bewusst entnehmen kann. Daher ist es auch nicht möglich, die Datensätze zu beschriften oder die Ergebnisse zu bewerten.[25] Ziel ist es, Strukturen und Muster in den Daten zu identifizieren sowie anhand der strukturellen Übereinstimmung von Eigenschaften bzw. Merkmalen darin vorkommende Datensätze automatisch zu gruppieren. Aus diesem Vorgang, der im Allgemeinen als Clustern bezeichnet wird, werden

---

[21] Vgl. *Wittpahl, V.*, Künstliche Intelligenz, 2019, S. 25 f.
[22] Vgl. *Wartala, R.*, Praxiseinstieg Deep Learning, 2018, S. 23
[23] Vgl. *Wartala, R.*, Praxiseinstieg Deep Learning, 2018, S. 29
[24] Vgl. *Frochte, J.*, Maschinelles Lernen, 2018, S. 23 f.
[25] Vgl. *Gentsch, P.*, Künstliche Intelligenz für Sales, Marketing und Service, 2018, S. 38

unterschiedliche Aspekte und Gruppierungen erkennbar.[26] Wird das Verfahren beispielsweise auf eine Menge von Tierbildern angewendet, ergibt sich nicht zwingend eine Kategorisierung der Bilder nach der Tierart, jedoch wären Cluster von schwarzen, braunen oder weißen Tieren ein vorstellbares Resultat. Der Prozess wird auch oft dazu verwendet, um irrelevante Informationen zu eliminieren und damit die Datenbasis zu komprimieren.[27] In der Praxis werden mit dem unüberwachten Modell in der Regel Vorauswahlen von Daten generiert und anschließend durch überwachte bzw. bestärkende Lehrmethoden genutzt, da deren Erkennungsraten deutlich besser sind.[28] Ein KNN für unsupervised Learning stellt beispielsweise der Deep Autoencoder dar. Dieser reduziert zunächst nach und nach die Dimensionen der Eingabedaten mithilfe eines Encoders. In einem weiteren Schritt lernt der Autoencoder aus den reduzierten Informationen auf die Ursprungsdimension zurückzuschießen.[29]

3.4 Semi-supervised Learning

Das teilüberwachte Lernen ist eine Mischform aus überwachtem und unüberwachtem Lernen. KNN dieser Form werden als Ladder-Netzwerke bezeichnet. Zur Anwendung kommen diese, wenn nur wenige gekennzeichnete Trainingsdaten vorhanden sind.[30]

3.5 Active Learning

Beim aktiven Lernen handelt es sich um eine Sonderform des teilüberwachten Lernens. Um weitere Daten für das Training zu erhalten, wird bei dieser Vorgehensweise zusätzlich eine Interaktion mit weiteren Datenquellen, anderen Systemen oder einem Nutzer ermöglicht.[31]

---

[26] Vgl. *Hooffacker, G./Kenntemich, W./Kulisch, U.*, Die neue Öffentlichkeit, 2018, S. 48
[27] Vgl. *Buxmann, P./Schmidt, H.*, Künstliche Intelligenz, 2019, S. 10
[28] Vgl. *Engemann, C./Sudmann, A.*, Machine Learning - Medien, Infrastrukturen und Technologien der Künstlichen Intelligenz, 2018, S. 253
[29] Vgl. *Wartala, R.*, Praxiseinstieg Deep Learning, 2018, S. 31
[30] Vgl. *Wartala, R.*, Praxiseinstieg Deep Learning, 2018, S. 33
[31] Vgl. *Wartala, R.*, Praxiseinstieg Deep Learning, 2018, S. 34

4 Werkzeuge für Deep Learning

Um DL-Anwendungen zu entwickeln, existieren mehrere zumeist Open-Source-Werkzeuge, die in Form von Frameworks und Bibliotheken kostenfrei bereitgestellt und verwendet werden können.[32]

4.1 TensorFlow

TensorFlow ist ein ML-Framework, das zur Entwicklung eines DL Netzwerkes genutzt wird. Das von Google seit dem Jahr 2015 als Open-Source-Projekt zur Verfügung gestellte Werkzeug wird unter anderem im Umfeld der Bildbearbeitung genutzt. Ein wichtiges Merkmal von TensorFlow stellt die hohe Flexibilität in Bezug auf die breite Ausführbarkeit sowohl auf den unterschiedlichen Betriebssystemen wie Linux, macOS und Windows als auch verschiedenen Hardwareplattformen. Programmiert wurde das Framework in den Programmiersprachen Python und C++ und bietet darüber hinaus Schnittstellen zu weiteren Sprachen.[33] Seit 2016 veröffentlicht Google kontinuierlich neue Tools, die auf TensorFlow aufbauen.[34] Google wendet das Framework TensorFlow im Rahmen eigener Forschungen an und hat es darüber hinaus in einigen Produkten wie beispielsweise Google Mail oder Google Photo implementiert.[35] Die Applikation Google Photo, die sowohl als Web Anwendung als auch als Mobile App kostenfrei bereitgestellt wird, nutzt die DL-Algorithmen zur automatischen Verschlagwortung von Bildern. Sobald ein Foto auf das Google Cloud Laufwerk abgelegt wird, wird es mithilfe der Methoden selbstständig mit Begriffen versehen und kategorisiert. Dem Anwender wird dadurch ermöglicht, seine Bildsammlung anhand beliebiger Schlagworte zu sortieren oder nach bestimmten Bildern zu suchen.[36] Das Framework basiert im Wesentlichen auf zwei Hauptkomponenten. Zum einen aus Tensoren, wie in der linearen Algebra, zur Strukturierung und Speicherung von Daten. Diese können mit einem Namen gekennzeichnet werden, besitzen jedoch immer einen Datentyp als auch eine Dimension. Je nach Anzahl der Dimensionen werden die Datenobjekte in nulldimensionalen Tensoren (Skalar), eindimensionalen Tensoren (Vektor), zweidimensionalen Tensoren (Matrix) oder in N-dimensionalen Tensoren geordnet abgebildet.[37] Zweite Komponente ist der aus Kanten (engl.: Edges) und Knoten

---

[32] Vgl. *Wartala, R.*, Praxiseinstieg Deep Learning, 2018, S. 53
[33] Vgl. *iX-Redaktion*, iX Developer 2018 - Machine Learning, 2018, S. 52
[34] Vgl. *Wartala, R.*, Praxiseinstieg Deep Learning, 2018, S. 37
[35] Vgl. *Wartala, R.*, Praxiseinstieg Deep Learning, 2018, S. 97
[36] Vgl. *Wartala, R.*, Praxiseinstieg Deep Learning, 2018, S. 38
[37] Vgl. *Wartala, R.*, Praxiseinstieg Deep Learning, 2018, S. 99

(engl.: Nodes) bestehende Graph. Er stellt mathematische Operationen, die jeweils durch einen Knoten repräsentiert werden, in Form eines gerichteten Diagramms dar. Über die Kanten des Graphen werden Tensoren zu den Knoten geführt. Das numerische Berechnungsergebnis der jeweiligen Operation wird wiederum an den folgenden Knoten weitergegeben. Dieser Ablauf bildet die Grundlage für das neuronale Netz.[38]

4.2 Caffe-Framework

Seit 2014 existiert das DL-Framework Caffe. Es wurde am Vision and Learning Center der Berkeley University entwickelt. Es eignet sich für akademische Forschungen sowie für die Industrie. Caffe bietet Programmierschnittstellen zu Python und MATLAB und steht als Open-Source-Software zur Verfügung. Vorgesehen ist der Anwendungsbetrieb auf verschiedenen Linux-Distributionen und Docker-Containern. Für Windows sind über die Open-Source-Gemeinde varianten verfügbar. Mit Caffe lassen sich viele Arten von Netzen trainieren, beispielsweise Convolutional Neural Networks (CNN), Long-term Recurrent Convolutional Networks (LRCN) oder Long Short-Term Memory (LSTM). Vorkonfigurierte Trainingsmodelle sind im Framework bereits enthalten und ermöglichen damit einen schnellen Einstieg. Zum Trainieren der Netze wendet das Werkzeug Arrays und einheitliche Speicher-Interfaces sogenannte Blobs an. Diese geben Auskunft darüber, wie Informationen in den unterschiedlichen Layern abgelegt sind sowie über die Funktionsweise des Datenaustausches zwischen den Layern.[39] 2017 wurde eine Weiterentwicklung des Frameworks veröffentlicht. Die als Caffe2 bezeichnete neue Version beinhaltet mehr Operatoren als das vorherige Release, um Deep-Learning-Modelle zu implementieren. Hauptsächlich wird das erweiterte Framework zur automatischen Erkennung und Klassifizierung unstrukturierter Daten darunter auch Bildinhalten verwendet.[40] Caffe2 organisiert alle Daten in sogenannten Blobs (Binary Large Objects), die im Grunde genommen mehrdimensionale Tensoren sind. In ihnen werden sowohl Bilddaten als auch zusätzliche Daten und Modellparameter gespeichert. In der Datenverarbeitung, die von verschiedenen CPU und GPU Prozessoren gleichermaßen durchgeführt werden kann, markieren die Blobs sowohl den Anfang als auch das Ende eines Prozesses. Ein Datensatz von 250 Bildern, die jeweils im RGB-Farbformat vorliegen und eine Höhe und Breite von 800 x 600 Pixeln

---

[38] Vgl. *iX-Redaktion*, iX Developer 2018 - Machine Learning, 2018, S. 52
[39] Vgl. *iX-Redaktion*, iX Developer 2018 - Machine Learning, 2018, S. 54 f.
[40] Vgl. *Wartala, R.*, Praxiseinstieg Deep Learning, 2018, S. 78 f.

aufweisen, stellen beispielsweise einen Blob der Art (250,3,800,600) dar, in dem die vier Dimensionen Anzahl x Farbkanäle x Höhe x Breite wiedergegeben werden.[41] Gespeichert werden Blobs in sogenannten Workspaces, welche die Schlüsselkomponenten von Caffe2-Anwendendung sind. Alle Instanziierte Netzwerke und Blobs werden in den Workspaces zueinander in Beziehung gesetzt. Ein Caffe2-Skript kann ein oder mehrere Workspace-Objekte verwalten. Workspace-Objekte können über einen Namen angesprochen werden, dabei trägt das erste Workspace in Caffe2 den Namen "default".[42]

4.3 Python

Die meisten Frameworks und APIs im Kontext des ML bieten eine Schnittstelle zur Programmiersprache Python an. Diese ist in den 1990er-Jahren von Guido van Rossrum entwickelt worden. Sein Ziel war es, eine leicht verständliche Sprache zu schaffen, mit der möglichst jeder in der Lage ist, einfache Computerprogramme zu schreiben. Im Data Science Prozess werden meist sehr umfangreiche Datenmengen analysiert. Erkenntnisse werden anfänglich oft durch experimentelle Untersuchungen der Daten erlangt. Konventionelle Entwicklungsumgebungen sind dazu nicht geeignet, da sie einen geübten Umgang sowie tiefere Kenntnisse mit dem objektorientierten Programmdesign voraussetzen. Für Python gibt es einige fertige Funktionsbibliotheken, mit denen umfangreiche Daten schnell verarbeitet werden können. Favorisiert werden dabei die Module NumPy und Pandas.[43] NumPy (Numerical Python) ermöglicht leistungsfähige Funktionalitäten bei der Durchführung von mathematischen und numerischen Berechnungen. Mit den Funktionen ist die Verarbeitung von sehr großen Arrays sowie Matrizen möglich.[44] Die Softwarebibliothek Pandas setzt auf NumPy auf und bietet ein komfortables Werkzeug für die Datenmanipulation sowie Datenanalyse.[45] Für Phython gibt es sehr viele unterschiedliche Entwicklungsumgebungen, eine davon ist Jupyter Notebook. Es handelt sich dabei um ein webbasiertes interaktives Tool, das zur Bearbeitung von Datensätzen mit fertigen Klassen hervorragend eingesetzt werden kann.[46] Jupyter Notebook wurde entwickelt, um eine einheitliche Benutzeroberfläche zur Ausführung und Dokumentation wissenschaftlicher Arbeiten bereitzustellen.[47]

---

[41] Vgl. *Wartala, R.*, Praxiseinstieg Deep Learning, 2018, S. 80
[42] Vgl. *Wartala, R.*, Praxiseinstieg Deep Learning, 2018, S. 81
[43] Vgl. *iX-Redaktion*, iX Developer 2018 - Machine Learning, 2018, S. 118
[44] Vgl. *Frochte, J.*, Maschinelles Lernen, 2019, S. 44
[45] Vgl. *Frochte, J.*, Maschinelles Lernen, 2019, S. 26
[46] Vgl. *Frochte, J.*, Maschinelles Lernen, 2019, S. 33
[47] Vgl. *Wartala, R.*, Praxiseinstieg Deep Learning, 2018, S. 63

Python-Scripts lassen sich direkt in Zellen erstellen, ausführen und somit prüfen. Aber auch unterschiedliche Inhalte wie Texte, Bilder oder mathematische Formeln lasen sich strukturiert in Zellen erfassen.[48]

5 Docker Installation

Damit das Beispielprogramm für die Bildklassifizierung funktionsfähig ist, wird eine Python Umgebung mit einer installierten Caffe Bibliothek benötigt. Der einfache Weg, eine vorkonfigurierte Umgebung zu erhalten, ist die Verwendung eines Docker Containers. Docker Container sind schlanke virtuelle Maschinen, sie enthalten alle nötigen Bestandteile, um eine vollwertige Laufzeitumgebung zu simulieren.[49]

Voraussetzung für das Verwenden von Docker Containern ist die installierte Laufzeitumgebung Docker. Abhängig vom verwendeten Betriebssystem muss eine bestimmte Docker Umgebung installiert werden. Die Docker Installation ist auf allen gängigen Betriebssystemen wie Windows, macOS und Linux möglich.[50]

Für die Installation auf macOS, wie in diesem Beispiel, wird ein Mac mit Intel Prozessor und dem aktuellsten Betriebssystem benötigt. Nach dem Download der benötigten Dockerversion lässt sich diese wie gewohnt installieren. Für die Installation werden erweiterte Benutzerrechte benötigt. Anschließend ist Docker installiert und kann verwendet werden. Es empfiehlt sich „Kitematic"[51] zu installieren. Durch dieses Programm lassen sich Docker Container verwalten und aus öffentlichen Archiven herunterladen.[52]

Nach der erfolgreichen Installation der Umgebung kann der vorkonfigurierte Docker Container aus dem Archiv geladen werden. Hierzu bietet das Programm Kitematic eine einfache grafische Oberfläche zum Durchsuchen des Archivs und Herunterladen eines geeigneten Docker Containers an. Der verwendete Docker Container lässt sich durch den Suchbegriff „rawar"[53] und „deeplearning"[54] finden. Mit der Funktion „Create"[55] lässt sich der Container herunterladen und installieren. Sobald die Installation abgeschlossen ist, kann der Container gestartet werden.

---

[48] Vgl. *Wartala, R.*, Praxiseinstieg Deep Learning, 2018, S. 65
[49] Vgl. *Wartala, R.*, Praxiseinstieg Deep Learning, 2018, S. 55
[50] Vgl. *Wartala, R.*, Praxiseinstieg Deep Learning, 2018, S. 55-61
[51] *Wartala, R.*, Praxiseinstieg Deep Learning, 2018, S. 57,
   weitere Informationen unter: https://kitematic.com
[52] Vgl. *Wartala, R.*, Praxiseinstieg Deep Learning, 2018, S. 56-57
[53] Vgl. *Wartala, R.*, Praxiseinstieg Deep Learning, 2018, S. 62
[54] Vgl. *Wartala, R.*, Praxiseinstieg Deep Learning, 2018, S. 62
[55] Vgl. *Wartala, R.*, Praxiseinstieg Deep Learning, 2018, S. 62

Alternativ ist die Installation der Container aus dem Archiv auch über die Konsole mit bestimmten Befehlszeilen möglich.[56]

Das Jupyter Notebook lässt sich über die Konsole im Docker Container starten. Hierzu muss folgender Befehl eingegeben werden:

```
./run_jupyter.sh
```

Danach kann das Notebook im Webbrowser über die Adresse

```
http://localhost:8888
```
aufgerufen und verwendet werden.

Das bereitgestellte Jupyter Notebook enthält die Python Bibliotheken Caffe, Caffe2, TensorFlow, Spark und weitere Werkzeuge.[57]

5.1 Beispiel Bildklassifizierungsmodell mit Caffe

Der Einstieg in die Bildklassifizierung geschieht anhand eines Modells mit der Bibliothek Caffe. Zur einfachen Klassifizierung wird das Model verwendet, welches bereits in Caffe vorhanden ist. Das Modell befindet sich im Bibliotheksverzeichnis „/opt/caffe/models/bvlc_reference_caffenet"[58] und kann von dort aus für die Klassifikation von Bildern verwendet werden.[59]

Im ersten Schritt wird ein neues Jupyter Notebook erstellt. In der ersten Zelle werden die Bibliotheken angeben, welche in unserem Modell verwendet werden.[60]

```
Import numpy as np
Import matplotlib.pyoplot as plt
Import sys
Import os
Import caffe
%matplotlib inline
```

Für eine korrekte Darstellung der Ergebnisse werden die Parameter für matplotlib eingestellt.[61]

```
plt.rcParams['figure.figsize']=(10,10)
plt.rcParams['image.interpolation']='nearest'
plt.rcParams['image.cmap']='gray'
```

---

[56] Vgl. *Wartala, R.*, Praxiseinstieg Deep Learning, 2018, S. 61-62
[57] Vgl. *Wartala, R.*, Praxiseinstieg Deep Learning, 2018, S. 55
[58] Vgl. *Wartala, R.*, Praxiseinstieg Deep Learning, 2018, S. 148
[59] Vgl. *Wartala, R.*, Praxiseinstieg Deep Learning, 2018, S. 147
[60] Vgl. *Wartala, R.*, Praxiseinstieg Deep Learning, 2018, S. 148
[61] Vgl. *Wartala, R.*, Praxiseinstieg Deep Learning, 2018, S. 148

Als nächstes wird der Systempfad auf Caffe in einer Variablen definiert. Diese Variable mit der PyCaffee-Erweiterung wird dem Systempfad hinzugefügt.[62]

```
caffe_root = '/opt/caffe/'
sys.path.insert(0, caffe_root + 'python')
```

Nun wird das trainierte Modell aus der Caffe Bibliothek mit den Netzgewichten neu initialisiert.[63]

```
#Modellstruktur
model_definition = caffe_root +
'models/bvlc_reference_caffenet/deploy.prototxt'
#Trainierte Netzgewichte
model_weights = caffe_root +
'models/bvlc_reference_caffenet/bvlc_reference_
caffenet.caffemodel'
#caffe.TEST Verwendet den Testmodus
net = caffe.Net(model_definition, model_weights,
caffe.TEST)
```

Um den Aufbau des Netzes zu sehen, werden die einzelnen Schichten mit einer Schleife ausgegeben.[64]

```
for layer_name, blob in net.blobs.iteritems():
    print layer_name + '\t' + str(blob.data.shape)
```

Hierdurch lässt sich erkennen, welche Daten und in welcher Form das Netz die Daten in den einzelnen Schichten verarbeitet. Die Dimensionen der Gewichte aus den einzelnen Schichten lassen sich wie folgt anzeigen. Es lässt sich erkennen, dass weder die Eingabe- als auch die Ausgabeschicht keine Gewichte oder Parameter verwendet.[65]

```
for layer_name, param in net.params.iteritems():
    print layer_name + '\t' + str(param[0].data.shape),
    str(param[1].data.shape)
```

Die Bilddaten müssen nun in eine für das Modell leicht zu verarbeitende Form gebracht werden. Die Bibliothek Caffe besitzt für diese Umwandlung von Bilddaten bereits Funktionen. Die Klasse caffe.io.transfomer bildet die Eingabeschicht des

---

[62] Vgl. *Wartala, R.*, Praxiseinstieg Deep Learning, 2018, S. 148
[63] Vgl. *Wartala, R.*, Praxiseinstieg Deep Learning, 2018, S. 148
[64] Vgl. *Wartala, R.*, Praxiseinstieg Deep Learning, 2018, S. 148
[65] Vgl. *Wartala, R.*, Praxiseinstieg Deep Learning, 2018, S. 149

Netzes. In diesem Beispiel lautet die Schicht „data". Die Verwendung der Klasse wird im folgenden Codebeispiel gezeigt.[66]

```
ilsvrc_mean = np.load(caffe_root +
'python/caffe/imagenet/ilsvrc_2012_mean.npy')

ilsvrc_mean = ilsvrc_mean.mean(1).mean(1)
```

Um den Namen der Eingabeschicht herauszufinden, kann dieser Befehl verwendet werden.[67]

```
print net.inputs
```

Den Inhalt der Schicht kann mit diesem Befehl betrachtet werden. Die ausgegebene Matrix wird mit Null initialisiert.[68]

```
print net.blobs['data'].data
```

Nun wird der Transformer mit den Eingabedaten (Blob: data) initialisiert.[69]

```
transformer = caffe.io.Transformer({'data':
net.blobs['data'].data.shape})
```

Der Transformer wird verwendet, um die Bilddaten in die richtige Form zu bringen. Die Bilddaten werden aus der Form (256,256,3) in die Form (3,256,256) gebracht. Anschließend wird der Transformer mit den Mean-Bilddaten initialisiert. Im folgenden Schritt werden die Bilddaten von 0 bis 255 nominiert. Danach wird der RGB Farbraum auf die in Caffe verwendete BGR Reihenfolge gebracht. Als letzter Schritt der Vorverarbeitung werden die Größen der Bilder angepasst. Mit der Methode reshape wird zuerst die Anzahl der Bilder übergeben und als weiterer Parameter das Eingabeformat (3,256,256), welches im vorherigen Schritt erzeugt wurde.[70]

```
transformer = caffe.io.Transformer({'data':
net.blobs['data'].data.shape})
transformer.set_raw_scale('data', 255)
transformer.set_transpose('data', (2,0,1))
transformer.set_channel_swap('data', (2,1,0))
net.blobs['data'].reshape(1,3,227, 227)
```

Sobald die Vorverarbeitung der Bilddaten abgeschlossen ist, wird mit der eigentlichen Klassifikation der Bilddaten begonnen. Hierzu wird ein beliebiges Bild

---

[66] Vgl. *Wartala, R.*, Praxiseinstieg Deep Learning, 2018, S. 149
[67] Vgl. *Wartala, R.*, Praxiseinstieg Deep Learning, 2018, S. 149
[68] Vgl. *Wartala, R.*, Praxiseinstieg Deep Learning, 2018, S. 149
[69] Vgl. *Wartala, R.*, Praxiseinstieg Deep Learning, 2018, S. 149
[70] Vgl. *Wartala, R.*, Praxiseinstieg Deep Learning, 2018, S. 149-150

verwendet. Dieses wird mit der Caffe-Methode load_image() eingelesen. Es muss beim Verwenden der Methode auf den korrekten Pfad des Bildes geachtet werden.[71]

```
image = caffe.io.load_image("/tmp/lagotto-romagnolo.jpg")
```

Mit matplotlib lassen sich Bilddaten im Jupyter Notebook anzeigen.[72]

```
plt.imshow(image)
```

Das eingelesene Bild wird in die Eingabeschicht unseres Modells geladen.[73]

```
net.blobs['data'].data[...] =
transformer.preprocess('data', image)
```

Anschließend wird die Verarbeitung des Netzes gestartet. Die Bilddaten werden durch alle Schichten des neuronalen Netzes geleitet. Das Ergebnis wird in der Ausgabeschicht bereitgestellt.[74]

```
output = net.forward()
```

Den Namen der Ausgabeschicht erfährt man durch diesen Befehl.[75]

```
print net.outputs
```

In der Ausgabeschicht sind die Ergebnisse in Image Net-Bildklassen-ID abgelegt. Das Modell hat 1000 Bildklassen für dieses Bild erstellt. Die Ausgabe der Imageklassen erfolgt so.[76]

```
prob_output = output['prob'][0]
results = prob_output.argsort()
print results
```

Die klassifizierten Ergebnisse werden in sortierter Reihenfolge ausgegeben. Jede Image Net-ID hat eine Klasse, die ihr zugeordnet ist. Um die Bezeichnungen der Klassen ausgeben zu können, muss das entsprechende Mapping eingelesen werden.

---

[71] Vgl. *Wartala, R.*, Praxiseinstieg Deep Learning, 2018, S. 150
[72] Vgl. *Wartala, R.*, Praxiseinstieg Deep Learning, 2018, S. 150
[73] Vgl. *Wartala, R.*, Praxiseinstieg Deep Learning, 2018, S. 150
[74] Vgl. *Wartala, R.*, Praxiseinstieg Deep Learning, 2018, S. 150
[75] Vgl. *Wartala, R.*, Praxiseinstieg Deep Learning, 2018, S. 151
[76] Vgl. *Wartala, R.*, Praxiseinstieg Deep Learning, 2018, S. 151

Das Mapping befindet sich in einer Datei im Verzeichnis „/opt/caffe/data/ilsvrc12"[77]. Die enthaltenen Labels werden eingelesen und mit NumPy in ein Array umgewandelt.[78]

```
label_synonyms =
'/opt/caffe/data/ilsvrc12/synset_words.txt'
class_labels = np.loadtxt(label_synonyms, str,
delimiter='\t')
```

Nachdem die Bezeichnungen der Bild-IDs in das Modell geladen wurden, ist es möglich, das beste und schlechteste Ergebnis der Klassifizierung anzeigen zu lassen.[79]

```
worst_result = prob_output.argmin()
best_result = prob_output.argmax()
print 'best output label:', class_labels[best_result],
' and worst output label:', class_labels[worst_result]
```

Es ist möglich, die zehn wahrscheinlichsten Klassen des Bildes auszugeben. Die Ergebnisse werden in absteigender Reihenfolge der Wahrscheinlichkeit, der Word-Net-ID und des Synonyms nach ausgegeben.[80]

```
top10_results = prob_output.argsort()[::-1][:10]
zip(prob_output[top10_results], labels[top10_results])
```

Damit die Zwischenergebnisse der einzelnen Schichten betrachtet werden können, muss eine Hilfsfunktion implementiert werden.[81]

```
def vis_square(data):
    data = (data - data.min()) / (data.max() - data.min())
    n = int(np.ceil(np.sqrt(data.shape[0])))
    padding = (((0, n ** 2 - data.shape[0]), (0, 1), (0,
    1)) + ((0,0),) * (data.dndim - 3))
    data = np.pad(data, padding, mode='constant',
    constant_values=1)
    data = data.reshape((n, n) +
    data.shape([1:]).transpose((0, 2, 1, 3) +
    tuple(range(4, data.ndim + 1)))
    data = data.reshape((n * data.shape[1], n *
    data.shape[3]) + data.shape[4:])

    plt.imshow(data; plt.axis('off')
```

---

[77] *Wartala, R.*, Praxiseinstieg Deep Learning, 2018, S. 151
[78] Vgl. *Wartala, R.*, Praxiseinstieg Deep Learning, 2018, S. 151
[79] Vgl. *Wartala, R.*, Praxiseinstieg Deep Learning, 2018, S. 151
[80] Vgl. *Wartala, R.*, Praxiseinstieg Deep Learning, 2018, S. 151
[81] Vgl. *Wartala, R.*, Praxiseinstieg Deep Learning, 2018, S. 151

Mit dieser Funktion lassen sich die einzelnen Verarbeitungsschichten des Netzes darstellen.[82]

```
feat = net.blobs['pool2'].data[0] vis_square(feat)
```

5.2 Implementierung eines Bildklassifikationsmodells für Hunderassen

Die Implementierung des eigenen Bildklassifikationsmodells orientiert sich an dem Beispiel aus 5.2. Es wird jedoch nicht die Caffe Bibliothek verwendet. In dieser Implementierung wird das vortrainierte Karas Modell VGG19 verwendet.

Die Verwendung eines vortrainierten Modells spart Zeit und Ressourcen, da es nicht komplett trainiert werden muss. Das neuronale Netz muss anschließend nur noch auf die eigenen Datensätze trainiert werden. Das VGG19 Modell steht zum Download (https://www.kaggle.com/keras/vgg19/version/2) bereit und kann schnell in das eigene Modell eingebunden werden.[83]

Im ersten Schritt des eigenen Modells werden die Bibliotheken, die verwendet werden, geladen.

```
# Lineare Algebra
import numpy as np
# Datenverarbeitung, CSV Datei Eingabe/Ausgabe
import pandas as pd

import keras
import os
from sklearn import preprocessing
# Zum Trainieren des Models
from sklearn.model_selection import train_test_split
# Model
from keras.models import Model
# Fortschrittsanzeige für die Fortschrittsberechnung von Panda
from tqdm import tqdm
import cv2

from keras.applications.vgg19 import VGG19
from keras.layers import Dense, Flatten, Dropout
from keras.models import Sequential
```

---

[82] Vgl. *Wartala, R.*, Praxiseinstieg Deep Learning, 2018, S. 151
[83] Vgl. VGG19, 2019.

```
from keras.layers import (AveragePooling2D, Convolution2D,
Dense, Dropout, Flatten, Input, MaxPooling2D)
from keras.models import Model, Sequential
from keras.models import model_from_json

#Für Bildanzeige
import matplotlib.pyplot as plt
```

Nachdem die Bibliotheken importiert sind, werden die benötigten Daten in einem Ordner auf der Festplatte bereitgestellt. In diesem Ordner sind die Dateien der Kaggle Competition enthalten. Für die Klassifikation der Hunderassen sind das eine CSV Datei mit den Labels der Hunderassen (labels.csv) und eine CSV Datei mit einem Beispielergebnis der Ausschreibung (sample_submission.csv). Ein Ordner mit Hundebildern für das Trainieren des Netzes und ein zweiter Ordner mit Hundebildern für das Testen des Netzes. Zusätzlich wird hier noch das heruntergeladene Modell VGG19 abgelegt. Zur Überprüfung, ob der Pfad korrekt ist und dieser im Jupyter Notebook verwendet werden kann, wird diese Zeile verwendet. Als Ergebnis sollte eine Übersicht mit den Inhalten des Verzeichnisses angezeigt werden. Sollte das Verzeichnis nicht gefunden werden, muss der Pfad entsprechend angepasst werden. Ausgangsort für das Verzeichnis ist die Python Installation.

```
#Ausgabe der vorhandenen Inhalte im Verzeichnis.
print(os.listdir("../BigData/data/"))
```

Nachdem die Bibliotheken geladen sind und das Verzeichnis überprüft wurde, kann nun mit dem Import der Dateien aus dem Verzeichnis begonnen werden. Hierzu werden mithilfe der Panda Methode read_csv die CSV Labels in ein Dataframe df_train geladen. Der Dateipfad zu den Trainingsbilddaten wird in der Variablen Train abgelegt. Das Beispielergebnis der Ausschreibung sample_submission.csv wird in das Datenframe df_test eingelesen. Der Dateipfad zu den Testdaten wird in der Variablen Test gespeichert. Der Pfad zu den Trainingsgewichten wird in der Variablen resnet_weight_paths zugewiesen.

```
df_train = pd.read_csv('../BigData/data/labels.csv')
train= ('../BigData/data/train')
df_test =
pd.read_csv('../BigData/data/sample_submission.csv')
test= ('../BigData/data/test')
resnet_weight_paths=("../BigData/data/vgg19/vgg19_weights_t
f_dim_ordering_tf_kernels.h5")
```

Die eingelesenen Dataframes df_train und df_test lassen sich mit folgenden Zeilen ausgeben.

```
df_train.head()
df_test.head()
```

Es ist zu erkennen, dass das Trainingsset und Testset unterschiedliche Inhalte haben. Das Trainingsset ist über die Bild-ID mit den Hunderassen verknüpft. Das Testset beinhaltet die Wahrscheinlichkeiten, welche Bild-ID zu den Hunderassen gehören.

Um herauszufinden wie viele Hunderassen sich im Trainingsset befinden, wird diese Codezeile verwendet. Der ermittelte Wert wird in einer Variablen num_classes abgelegt. Mit print(num_classes) lässt sich die Zahl auf der Konsole anzeigen.

```
num_classes = len(df_train["breed"].unique())
print(num_classes)
```

Im nächsten Schritt werden die Labels in einem Array nach der One-Hot-Encoding Methode bereitgestellt. Die Ausprägung der Hunderasse wird hier mit einer eins gekennzeichnet.

```
target_labels = df_train["breed"]
one_hot = pd.get_dummies(target_labels, sparse = True)
one_hot_labels = np.asarray(one_hot)
```

Nach dem Einlesen der Labels werden die Trainingsbilder der Hunde in zwei Arrays gesplittet, ohne die Reihenfolge zu ändern. x_train enthält hierbei die Bilddaten. Die Bilddaten werden in einer kleineren Auflösung von 90x90 in das Array eingelesen. Die Variable img_size definiert die gewünschte Größe, welche verwendet wird. In dem zweiten Array y_train werden die entsprechenden Labels der Hunderassen hinzugefügt.

```
img_size = 90
x_train=[]
y_train=[]
i=0
for f in tqdm(df_train.id):
    img = cv2.imread('../BigData/data/train/{0}.jpg'.format(f))
    label = one_hot_labels[i]
    x_train.append(cv2.resize(img, (img_size, img_size)))
    y_train.append(label)
    i += 1
```

Anschließend wird das Testset in die richtige Form gebracht. Das daraus entstehende Array x_test enthält die Bilddaten aus dem Testordner. Die Bilddaten werden auch in der Größe 90x90 in das Array übernommen.

```
x_test = []
for f in tqdm(df_test.id):
    img = cv2.imread('../BigData/data/test/{0}.jpg'.format(f))
    x_test.append(cv2.resize(img, (img_size,img_size)))
```

Die Bildarrays x_train und x_test werden durch 255 dividiert. Das sorgt für eine verbesserte Rechenleistung bei der Verarbeitung der Bilddaten in unserem Modell. Die Labeldaten des Array y_train werden in einen 8-Bit Integer umgewandelt.

```
x_train_raw = np.array(x_train).astype("float32")/255
x_test = np.array(x_test, np.float32) / 255.
y_train_raw = np.array(y_train).astype("uint8")
```

Mit der Funktion train_test_split lassen sich die übergebenen Trainings- und Testmatrizen in ein Test-Dataset und ein Trainings-Dataset teilen. Die Aufteilung der Test- und Trainingsdaten erfolgt dabei zufällig. Der Parameter test_size gibt dabei an, in welchem Verhältnis die Test- und Trainingsdaten erzeugt werden. Der Parameter random_state gibt an, nach welchem Prinzip, die Daten auf die einzelnen Datasets verteilt werden.

```
train_X,test_X,train_Y,test_Y =
train_test_split(x_train_raw,y_train_raw,test_size = 0.5,
random_state=42)
```

Die erstellten Datasets (train_X, test_X, train_Y, test_Y) können mit dem print() Befehl ausgegeben und der Inhalt betrachtet werden.

```
print(train_X)
print(train_Y)
print(test_Y)
print(train_Y)
```

Nachdem die Datasets für das Training und das Testen des Modells erzeugt wurden, kann das eigentliche Modell erzeugt werden. Hierzu wird das VGG19 Modell geladen und in der Variable base_model zwischengespeichert. Als nächstes fügen wir dem Modell einen neuen Top-Layer hinzu. Nach dem Erstellen des neuen Top-Layers wird das Modell, welches trainiert werden soll, initialisiert. Nach der Initialisierung wird das Modell in der variablen model abgelegt. Der erste Schritt besteht nun daraus, die oberen Layer des Modells zufällig zu initialisieren. Nach der Initialisierung des Modells wird es kompiliert. Anschließend wird die Architektur des Modells ausgegeben. Es ist hier zu erkennen, aus welchen und wie vielen Schichten das Modell aufgebaut ist.

```
# Zwischenspeichern des VGG19 Modells
base_model = VGG19(weights = None, include_top=False,
input_shape=(img_size, img_size, 3))

# Neuen oberen Layer hinzufügen.
x = base_model.output
x = Flatten()(x)
predictions = Dense(num_classes, activation='softmax')(x)

# Erzeugen des Modells das trainiert wird.
model = Model(inputs=base_model.input, outputs=predictions)

# Zuerst werden die oberen Layer zufällig initialisiert.
for layer in base_model.layers:
    layer.trainable = False

# Kompilieren des Modells
model.compile(loss='categorical_crossentropy',
            optimizer='adam',
            metrics=['accuracy'])
#Ausgabe der Architektur des Modells.
callbacks_list =
[keras.callbacks.EarlyStopping(monitor='val_acc',
patience=3, verbose=1)]
model.summary()
```

Sobald das Modell erfolgreich umgewandelt ist, wird es mit der Methode fit trainiert. Es werden die Trainingsdatasets train_X und train_Y übergeben. Mit diesen Daten wird das Modell trainiert. Der Parameter epochs gibt dabei an, wie oft das Modell trainiert wird (Anzahl der Durchläufe). Mit den übergebenen Datasets test_X und test_Y wird das trainierte Modell validiert. Der Parameter verbose gibt an, wie der Fortschritt des Trainings des Modells angezeigt wird. Der Vorgang des Trainings dauert abhängig von der Anzahl der Iterationen und der Leistung, der verwendeten Hardware, unterschiedlich lange.

```
model.fit(train_X, train_Y, epochs=2,
validation_data=(test_X, test_Y), verbose=1)
```

Das fertig trainierte Modell kann nun verwendet werden, um einen Datensatz mit den vorhergesagten Daten zu erhalten. Hierzu wird die Funktion predict verwendet. Die

Funktion gibt ein NumPy-Array zurück, in dem die Werte aus der Ausgabeschicht enthalten sind. Die Erzeugung der Vorhersage nimmt abhängig von der verwendeten Hardware viel Zeit in Anspruch. Der Parameter verbose gibt dabei an, ob der Fortschritt grafisch erkennbar ist.

```
predictions = model.predict(x_test, verbose=1)
```

Das erzeugte NumPy-Array kann mit der Funktion print() angezeigt werden. Hier ist der Aufbau der erzeugten Matrize erkennbar.

```
print(predictions)
```

Damit die Ergebnisse der Vorhersage ausgegeben werden können, muss dieses erst in ein Dataframe umgewandelt werden. Das Dataframe wird mit den Spaltennamen aus den am Anfang extrahierten Labels der CSV-Datei verknüpft. Zusätzlich werden die IDs der Bilddaten aus dem Dataframe df_test in das neue Dataframe in der ersten Spalte eingefügt. Das fertige Dataframe kann anschließend ausgegeben werden. Pro Bild-ID wird die ermittelte Wahrscheinlichkeit für jede Hunderasse ausgegeben.

```
sub = pd.DataFrame(predictions)
#Verwendet die zuvor one_hot_encoded Werte und weist sie den Spalten zu.
col_names = one_hot.columns.values
sub.columns = col_names
sub.insert(0, 'id', df_test['id'])
sub.head(5)
```

Um später die Vorhersagen der einzelnen Iterationen mit unterschiedlichen Parametern miteinander vergleichen zu können, wird das erzeugte Dataframe der Vorhersage in einer CSV-Datei gespeichert. Die CSV-Datei kann anschließend mit Excel geöffnet und betrachtet werden. Die Panda Methode to_csv erzeugt aus einem Dataframe eine CSV-Datei. Mit dem Parameter path_or_buf kann der Dateipfad und Name definiert werden. Der Parameter sep steuert das Spaltentrennzeichen, welches in der Ausgabe verwendet wird.

```
#Ergebnisse der Vorheersage als CSV speichern.
sub.to_csv(path_or_buf='Ergebnis_V1.csv', sep=';')
```

Damit ein Modell und seine trainierten Gewichte nicht nach dem Beenden von Jupyter Notebook verloren gehen, gibt es die Möglichkeit, das Modell abzuspeichern. Das gespeicherte Modell wird in einer .json Datei und einer .h5 Datei abgelegt. Die Bezeichnung der Dateien lässt sich über die Eingabeparameter in der Funktion open und der Funktion save_weights definieren. Hier kann auch ein konkreter Dateipfad angegeben werden, wenn das Modell nicht direkt im Verzeichnis der Jupyter Notebook Datei erzeugt werden soll.

```
#speichert die Struktur des Modells in eine Datei
json_str = model.to_json()
open('DogbreedV1.json', 'w').write(json_str)
model.save_weights('DogbreedV1.h5')
```

Das gespeicherte Modell kann aus der erzeugten Datei wieder geladen werden. Hierzu wird das Modell aus der .json Datei und die Gewichte aus der .h5 Datei geladen. Die Dateipfade bzw. die Dateinamen der Dateien werden in den Parametern der Funktionen model_from_jason und load_weights angegeben.

```
#Laden eines Modells aus einer Datei.
model = model_from_json(open('DogbreedV1.json').read())

model.load_weights('DogbreedV1.h5')
```

Nach dem erfolgreichen Laden des Modells muss dieses noch kompiliert werden. Anschließend wird das geladene Modell normal weiterverwendet.

5.3 Ergebnisse der Bildklassifizierung

Ergebnisse des Modells sind nicht eindeutig. Ergebnisse aus den Spalten der Hunderassen befinden sich in einem Bereich zwischen 0.008 und 0.009. Eine genaue Aussage kann nicht getroffen werden, was diese Werte aussagen. Auch ist der Abstand nicht groß genug, um Rückschlüsse auf die Leistungsfähigkeit des Modells ziehen zu können.

Es wird nun versucht, mithilfe einer höheren Anzahl an Trainingsdurchläufen ein differenzierteres Ergebnis zu erhalten. Hierfür wird in der Methode fit der Parameter auf den Wert 5 gesetzt. Je mehr Durchläufe verwendet werden, desto mehr Zeit wird dafür benötigt. Bei einem Training mit 20 Minuten hat das Modell 6 Stunden gerechnet. Das Ergebnis nach dem Durchlaufen von 5 Epochen hat nun ein Ergebnis mit einem Wertebereich von 0,01 und 0,005 in den einzelnen Kategorien erzielt. Jedoch ist dies noch nicht aussagekräftig genug.

In der nächsten Iteration werden die Bildgrößen der einzelnen Bilder angepasst. Die Bilder werden auf die Größe 180x180 skaliert. Hierzu passend wird der Parameter img_size = 180 gesetzt. Anschließend werden die Bilddaten erneut eingelesen und das Modell mit den neuen Eingabedaten in einem Durchlauf trainiert. Hierzu muss das Modell erneut initialisiert und kompiliert werden. Danach kann das Modell trainiert und die Vorhersage erzeugt werden. Die hiermit erzielten Ergebnisse befinden sich in einem Wertebereich von 0,01 und 0,005. Daraus kann man erkennen, dass die Verwendung von größeren Bilddaten dem Modell helfen, nach einer Iteration gleiche Ergebnisse zu erbringen wie nach fünf Trainingsrunden.

Mit dem Erhöhen der Anzahl der Trainingsphasen erzielt das Modell bessere Ergebnisse. Jedoch nehmen diese Trainingsphasen sehr viel Zeit in Anspruch. Der Versuch, mit noch größeren Bilddaten als 180x180 ein besseres Ergebnis zu erzielen, konnte nicht abgeschlossen werden. Die Berechnungen des Modells hätten hierfür zu viel Zeit in Anspruch genommen. Die Werte der Ergebnisse waren nach allen Versuchen nicht aussagekräftig genug, um bestimmte Schlussfolgerungen ziehen zu können. Das Modell für die Bildklassifizierung muss daher grundlegend verändert werden, um die Trefferquote zu erhöhen. Das Verwenden eines anderen Modells oder eine andere Implementierung könnten zu besseren Resultaten führen. Für die effizientere Berechnung der Bilddaten und die Reduzierung der Trainingszeiten, muss nach einer geeigneteren Architektur für das Modell gesucht werden und das Modell entsprechend optimiert sein.

6 Schlussbetrachtung

Die Entwicklung eines Modells für die Bildklassifizierung ist ein komplexer Prozess. Die Verwendung von vordefinierten und implementierten Bibliotheken machen diesen Prozess nicht einfacher, sondern erschweren diesen. Jede Bibliothek hat einen bestimmten Schwerpunkt. Das Verwenden der optimalen Bibliothek im Modell bedarf vieler Versuche.

Die Installation des Caffe Frameworks war nicht so trivial wie die Installation anderer Python Bibliotheken. Das Framework referenziert auf zahllose Bibliotheken, die installiert und viele Dateien, die in entsprechenden Verzeichnissen abgelegt sein müssen. Aufgrund dieser Eigenschaften war das Caffe Framework nicht auf dem Entwicklungsrechner einsatzfähig und konnte mit Jupyter Notebook nicht verwendet werden.

Das Trainieren eines Modells nimmt abhängig von der Form der Daten und der Datenmenge viel Zeit in Anspruch. Damit ein Modell die Berechnungen effizient durchführen kann, müssen die Eingabedaten nur so viele Informationen beinhalten wie nötig. Die Anzahl der Datensätze muss optimiert werden. Viele Datensätze lassen sich durch das Modell nur schlecht verarbeiten.

Die Entwicklung eines Modells benötigt Zeit und Durchhaltevermögen. Das Modell muss langsam entwickelt werden und ggf. teilweise oder komplett neu entworfen werden. Mit jedem Durchlauf der Modellentwicklung kann das Modell effizientere Resultate erbringen.

7 Literaturverzeichnis

Buxmann, Peter/Schmidt, Holger (Hrsg.) (Künstliche Intelligenz, 2019): Künstliche Intelligenz: Mit Algorithmen zum wirtschaftlichen Erfolg, Berlin, Heidelberg: Springer Berlin Heidelberg, 2019

Dörn, Sebastian (Programmieren für Ingenieure und Naturwissenschaftler, 2018): Programmieren für Ingenieure und Naturwissenschaftler: Intelligente Algorithmen und digitale Technologien, Berlin: Springer Vieweg, 2018

Engemann, Christoph/Sudmann, Andreas (Machine Learning - Medien, Infrastrukturen und Technologien der Künstlichen Intelligenz, 2018): Machine Learning - Medien, Infrastrukturen und Technologien der Künstlichen Intelligenz, v.14, Bielefeld: Transcipt Verlag, 2018

Ertel, Wolfgang (Grundkurs Künstliche Intelligenz, 2016): Grundkurs Künstliche Intelligenz: Eine praxisorientierte Einführung, 4., überarbeitete Auflage, Wiesbaden: Springer Vieweg, 2016

Frochte, Jörg (Maschinelles Lernen, 2018): Maschinelles Lernen: Grundlagen und Algorithmen in Python, München: Hanser, 2018

— (Maschinelles Lernen, 2019): Maschinelles Lernen: Grundlagen und Algorithmen in Python, 2., aktualisierte Auflage, München: Hanser, 2019

Gentsch, Peter (Künstliche Intelligenz für Sales, Marketing und Service, 2018): Künstliche Intelligenz für Sales, Marketing und Service: Mit AI und Bots zu einem Algorithmic Business - Konzepte, Technologien und Best Practices, Wiesbaden: Springer Gabler, 2018

Gerling, Winfried/Holschbach, Susanne/Löffler, Petra (Bilder verteilen, 2018): Bilder verteilen: Fotografische Praktiken in der digitalen Kultur, Bd. 18, Bielefeld: transcript, 2018

Hooffacker, Gabriele/Kenntemich, Wolfgang/Kulisch, Uwe (Hrsg.) (Die neue Öffentlichkeit, 2018): Die neue Öffentlichkeit: Wie Bots, Bürger und Big Data den Journalismus verändern, Wiesbaden: Springer VS, 2018

iX-Redaktion (iX Developer 2018 - Machine Learning, 2018): iX Developer 2018 - Machine Learning: Verstehen, verwenden, verifizieren, Hannover: Heise Media, 2018

Karrenberg, Ulrich (Signale - Prozesse - Systeme, 2017): Signale - Prozesse - Systeme: Eine multimediale und interaktive Einführung in die Signalverarbeitung, 7., neu bearbeitete und erweiterte Auflage, Berlin: Springer Vieweg, 2017

Kroker, Michael (1,2 Billionen digitale Fotos werden allein 2017 geschossen – davon 85 Prozent per Smartphone | Kroker's Look @ IT, 2017): 1,2 Billionen digitale Fotos werden allein 2017 geschossen – davon 85 Prozent per Smartphone | Kroker's Look @ IT (2017), https://blog.wiwo.de/look-at-it/2017/09/14/12-billionen-digitale-fotos-werden-allein-2017-geschossen-davon-85-prozent-per-smartphone/ (Zugriff: 2019-02-13)

Mainzer, Klaus (Künstliche Intelligenz - Wann übernehmen die Maschinen?, 2016): Künstliche Intelligenz - Wann übernehmen die Maschinen?, Berlin/Heidelberg: Springer, 2016

Osterhage, Wolfgang W. (IT-Kompendium, 2017): IT-Kompendium: Die effiziente Gestaltung von Anwendungsplattformen, Berlin, Heidelberg: Springer Berlin Heidelberg, 2017

Styczynski, Zbigniew A./Rudion, Krzysztof/Naumann, André (Einführung in Expertensysteme, 2017): Einführung in Expertensysteme: Grundlagen, Anwendungen und Beispiele aus der elektrischen Energieversorgung, Berlin, Heidelberg: Springer Berlin Heidelberg, 2017

Wartala, Ramon (Praxiseinstieg Deep Learning, 2018): Praxiseinstieg Deep Learning: Mit Python, Caffe, TensorFlow und Spark eigene Deep-Learning-Anwendungen erstellen, Heidelberg: O'Reilly, 2018

Welsch, Andreas/Eitle, Verena/Buxmann, Peter (Maschinelles Lernen, 2018): Maschinelles Lernen, in: HMD 2018, https://doi.org/10.1365/s40702-018-0404-z

Wittpahl, Volker (Hrsg.) (Künstliche Intelligenz, 2019): Künstliche Intelligenz: Technologie, Berlin, Heidelberg: Springer Berlin Heidelberg, 2019

Wolff, Dietmar/Göbel, Richard (Digitalisierung, 2018): Digitalisierung: Wie Die Digitalisierung Unsere Lebens- und Arbeitswelt Verändert, Berlin, Heidelberg: Springer, 2018

BEI GRIN MACHT SICH IHR WISSEN BEZAHLT

- Wir veröffentlichen Ihre Hausarbeit, Bachelor- und Masterarbeit

- Ihr eigenes eBook und Buch - weltweit in allen wichtigen Shops

- Verdienen Sie an jedem Verkauf

Jetzt bei www.GRIN.com hochladen und kostenlos publizieren